Colega

Libro del alumno 2

María Luisa Hortelano
Elena G. Hortelano

Usa este código para acceder al
LIBRO DIGITAL
y al
BANCO DE RECURSOS
disponibles en

www.anayaeledigital.es

CB082800

1.ª edición: 2010
16.ª impresión: 2023

© Edelsa Grupo Didascalia, S.A. Madrid, 2010.

Directora del proyecto y coordinadora del equipo de autores: María Luisa Hortelano.
Autoras: María Luisa Hortelano, Elena González Hortelano.
Dirección y coordinación editorial: Departamento de Edición de Edelsa.
Diseño de cubierta: Departamento de Imagen de Edelsa.
Diseño y maquetación de interior: Carolina García.
Ilustradora: Estrella Fages

ISBN: 978-84-7711-670-7
ISBN Pack (alumno + ejercicios): 978-84-7711-672-1
Depósito Legal: B-19778-2010
Impreso en España / *Printed in Spain*

Fuentes, créditos y agradecimientos:

Las autoras quieren expresar su agradecimiento a la Consejería de Educación en el Reino Unido e Irlanda y muy especialmente al consejero de Educación, por el apoyo y asesoramiento recibido en todo lo relativo a la situación de la enseñanza del español en este país: orientaciones ministeriales, planes y estrategias para la enseñanza de las lenguas en enseñanza primaria, propuestas curriculares oficiales, instituciones relevantes, etc., que tan útiles nos fueron en la investigación y en los estudios previos a la elaboración de los materiales que componen este método. Así mismo, a las asesoras técnicas de la Consejería de Educación del Reino Unido e Irlanda, por su atención cordial y sus orientaciones siempre que se las hemos requerido.
Nuestro sincero agradecimiento también a los numerosos profesores y profesoras de primaria en centros en el exterior, así como a los compañeros de ALCE, que desde la publicación de nuestro primer método, *La Pandilla*, y ahora con *Colega*, no han dejado de transmitirnos su constante valoración, así como, desde su práctica diaria con alumnos, interesantes sugerencias y propuestas que hemos tenido muy en cuenta.
Gracias también a los responsables de formación del profesorado de lenguas modernas que nos han facilitado la asistencia a jornadas de formación que nos han permitido estudiar las necesidades y demandas del profesorado de español. Y a los asesores lingüísticos de CILT, por su siempre amable atención en nuestras visitas de trabajo.

Fotografías:
Ángel Luis Hernanz Gabriel http://www.hergaban.es/ páginas 5, 36, 37, 39, 43, 58
Ana González Hortelano páginas 6, 13, 20, 25, 36, 37, 46, 57, 58, 63

CD audio: Locuciones y Montaje Sonoro ALTA FRECUENCIA MADRID 915195277 altafrecuencia.com
Voces de la locución: Juani Femenía, Arantxa Franco, Elena González y José Antonio Páramo.
Cantantes/coro: Arantxa Franco y Elena González: pistas 5, 16 y 18.
Composición y arreglos musicales: Fran Cruz: pistas 5, 16 y 18.
Canciones: pistas 6 y 14 de *Colega 1*.
Canciones: pistas 8, 13, 19, 34 y 38 de *Pandilla 1* y pista 36 de *Pandilla 2*.

Notas:
– La editorial Edelsa ha solicitado los permisos de reproducción correspondientes y da las gracias a todas aquellas personas e instituciones que han prestado su colaboración.
– Las imágenes y los documentos no consignados más arriba pertenecen al Departamento de Imagen de Edelsa.
– Cualquier forma de reproducción de esta obra solo puede ser realizada con la autorización de la editorial, salvo excepción prevista por la ley. Diríjase a CEDRO (Centro Español de Derechos Reprográficos, www.cedro.org) si necesita fotocopiar o escanear algún fragmento de esta obra.

Índice

UNIDAD **1** ¡A bordo!

página 4

UNIDAD **2** La paga

página 14

UNIDAD **3** Un cuento

página 24

UNIDAD **4** Vida sana

página 34

UNIDAD **5** El carnaval de los animales

página 44

UNIDAD **6** ¿Qué tiempo hace?

página 54

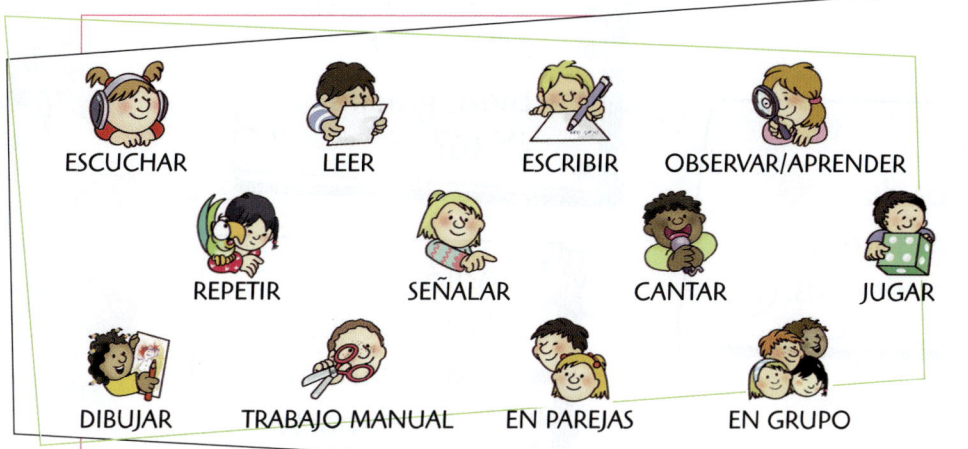

UNIDAD 1 — ¡A bordo!

1.  **Escucha y lee.**

- ¡Hola! ¿Cómo estás?
- Bien, ¿y tú?
- ¡Hola! Buenos días.
- ¡Adiós!

2. **Escucha y repite.**

 el autobús  el coche  el avión  la bicicleta

 el barco  el tren

3.  **Aprende.**

¡Hola!
Buenos días. ☀
Buenas tardes.
Buenas noches. 🌙

- ¿Cómo estás? / ¿Qué tal?
- Bien, gracias. ¿Y tú?

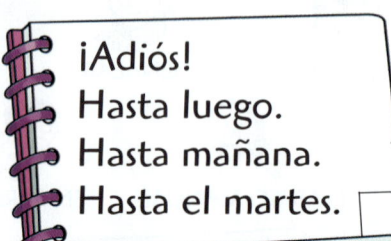

¡Adiós!
Hasta luego.
Hasta mañana.
Hasta el martes.

La estrella eres tú

LECCIÓN 1

4.  **Escucha y lee. ¿Cómo te llamas?**

Yo me llamo Rubén.
Yo soy Elena.
Yo soy Julia.
Este es Chema.
Esta es Ana.

5. Haz un sol y presenta a tus compañeros.

Esta es Claudia.

6. Aprende.

(yo) soy
(tú) eres
(él) es
(ella) es

(yo) me llamo
(tú) te llamas
(él) se llama
(ella) se llama

Este es...
Esta es...

cinco 5

UNIDAD 1 — ¿Cómo vas al cole?

1.  **Escucha.**

"Yo voy al colegio en bicicleta."

"Yo voy en coche."

"Yo voy en autobús."

"Yo voy a pie."

2. 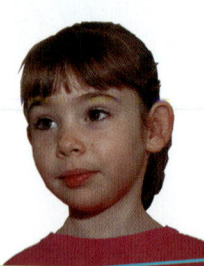 **Pregunta a tus compañeros.**

"¿Y tú, cómo vas al colegio?"

3. 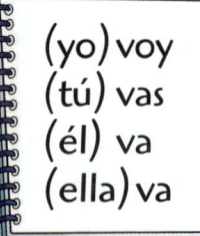 **Aprende.**

"Yo voy en patinete."

(yo) voy
(tú) vas
(él) va
(ella) va

6 seis

En coche

LECCIÓN 2

4.  **Vamos a cantar.**

El cocherito, leré,
me dijo anoche, leré,
que si quería, leré,
montar en coche, leré.

Y yo le dije, leré,
con gran salero, leré,
no quiero coche, leré,
que me mareo, leré.

El nombre de María
que cinco letras tiene,
la M, la A, la R, la I, la A:
¡MARÍA!

5.   Repasamos: EL ABECEDARIO

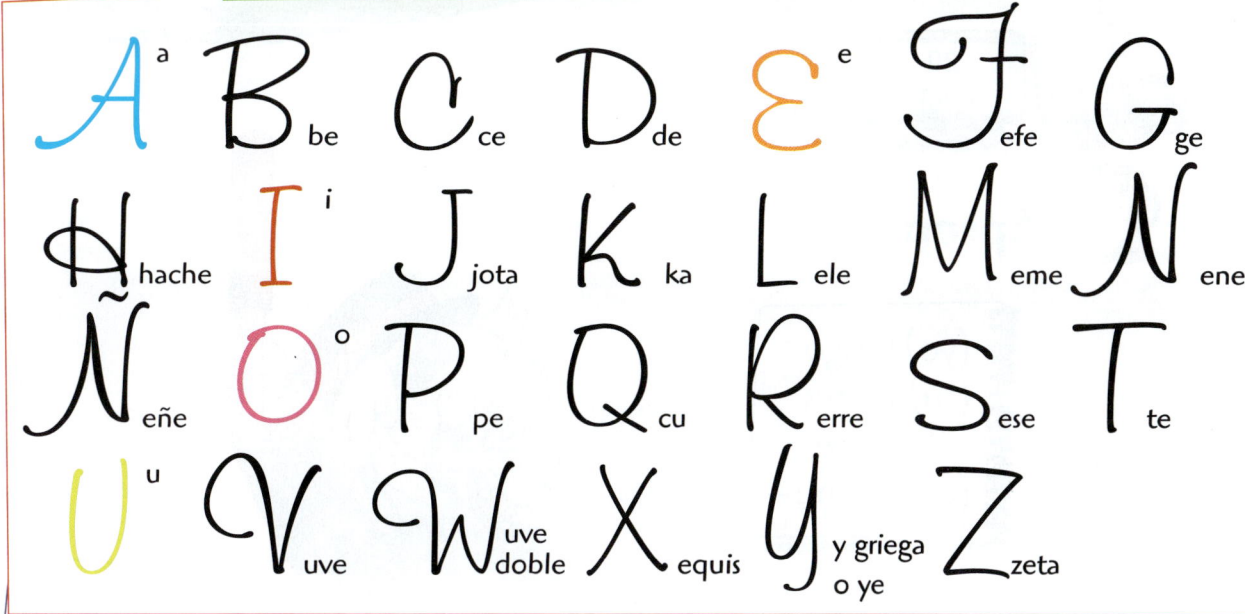

siete 7

En tren

UNIDAD 1

1.  **Escucha y repite.**

EL TREN DE LOS NÚMEROS

- 1 uno
- 2 dos
- 3 tres
- 4 cuatro
- 5 cinco
- 6 seis
- 7 siete
- 8 ocho
- 9 nueve
- 10 diez
- 11 once
- 12 doce
- 13 trece
- 14 catorce
- 15 quince
- 16 dieciséis
- 17 diecisiete
- 18 dieciocho
- 19 diecinueve
- 20 veinte

¿Cuántos años tienes?

Tengo ocho años.

2.  **Aprende.**

(yo) tengo
(tú) tienes
(él) tiene
(ella) tiene

8 ocho

En globo

LECCIÓN 3

3.  **Vamos a cantar.**

Un globo,
dos globos,
tres globos.

La tierra es un globo,
donde vivo yo.

Un globo,
dos globos,
tres globos.

La Luna es un globo
que se me escapó.

nueve 9

UNIDAD 1

¡Me voy a España!

1.  **Practica con tu compañero.
¿Adónde vas? ¿Cómo vas?**

LA CORUÑA
BILBAO
BARCELONA
MADRID
VALENCIA
ISLAS BALEARES
SEVILLA
ISLAS CANARIAS

Yo voy a Madrid en avión.

2.  **Adivina, adivinanza.**

Tengo alas,
y no soy ave.

ala
ave

Tengo cola,
y no soy pez.

cola
pez

Y si quieres volar por el mundo,
en mi tripa te has de meter.
¿Quién soy?

mundo
tripa

El avión

El español en el mundo

LECCIÓN 4

3.  ¿Adónde vas? ¿Cómo vas?

¿Cuándo vas?

el lunes
el martes
el miércoles
el jueves
el viernes
el sábado
el domingo

En bici, en coche,
en barco, en avión,
en burro o a pie,
viajar quiero yo.

Ir a Colombia.
Ir a Uruguay.
Ir a Bolivia
y a Paraguay.

Toda la Argentina
quiero recorrer,
también Perú y Chile
en coche o en tren.

México, Guatemala,
El Salvador, Honduras,
Nicaragua, Panamá,
Venezuela y Cuba.

Tener muchos amigos,
en cada lugar,
blancos, indios, negros,
y juntos jugar.

El lunes voy **a** Cuba **en** avión.

once 11

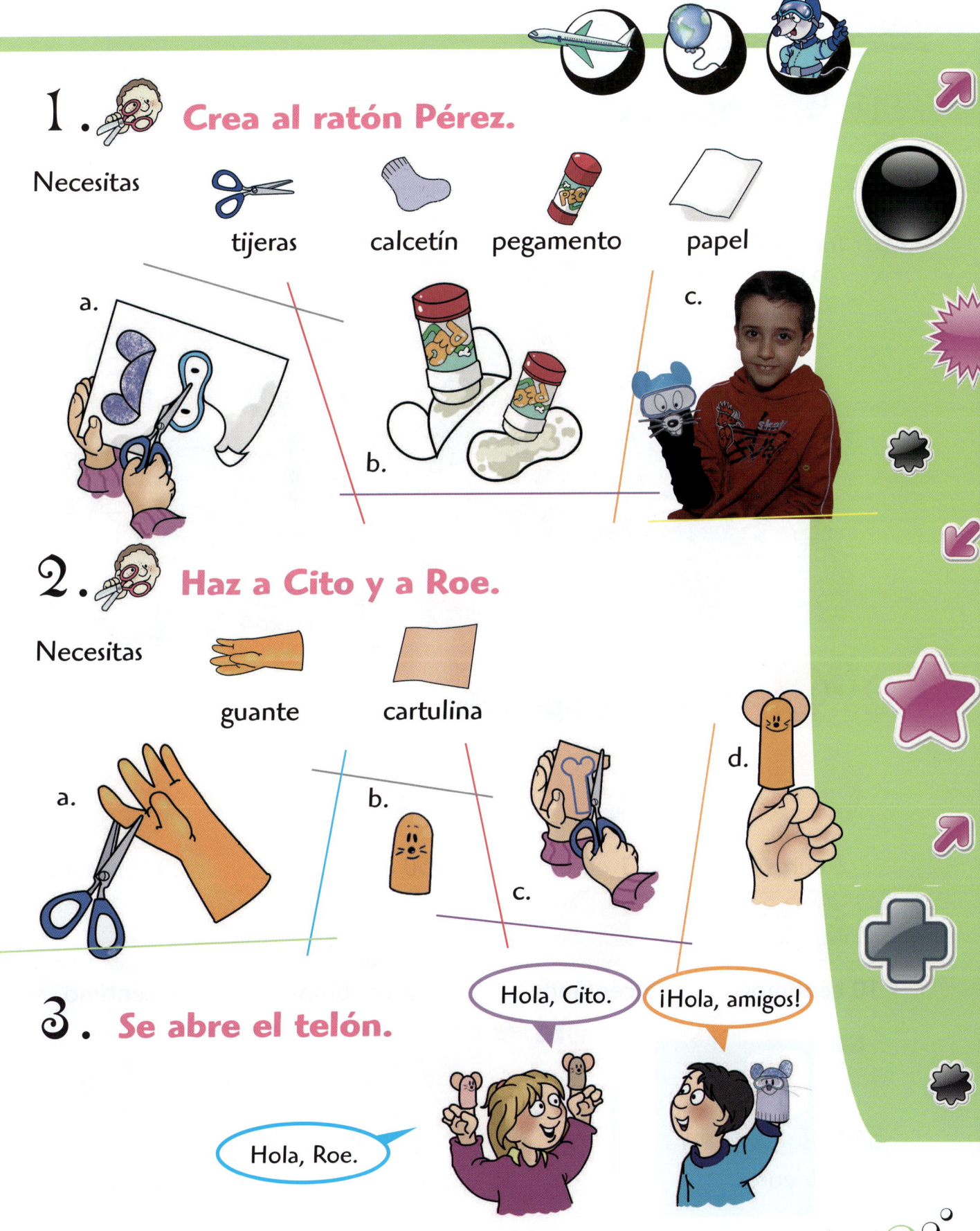

La paga

UNIDAD 2

1. Observa.

2. Observa y aprende.

2 euros

1 euro

50 céntimos

20 céntimos

10 céntimos

5 céntimos

2 céntimos

1 céntimo

5 euros

10 euros

20 euros

¿Cuánto tienes?

LECCIÓN 1

3.  Aprende.

20 veinte	30 treinta	 cuarenta
21 veintiuno	31 treinta y uno	cincuenta
22 veintidós	32 treinta y dos	
23 veintitrés	33 treinta y tres	 sesenta
24 veinticuatro	34 treinta y cuatro	 setenta
25 veinticinco	35 treinta y cinco	
26 veintiséis	36 treinta y seis	ochenta
27 veintisiete	37 treinta y siete	noventa
28 veintiocho	38 treinta y ocho	
29 veintinueve	39 treinta y nueve	

4. Escucha y lee.

quince 15

UNIDAD 2 — La familia de Rubén

1. Escucha y lee.

- el abuelo
- la abuela
- el padre
- la madre
- la hermana
- el hermano

Esta es mi familia. Mi madre se llama Laura y mi padre, Ángel. Tengo una hermana y un hermano. Mi hermana se llama Ana y tiene ocho años. Mi hermano se llama Pablo y tiene seis años. Este es mi abuelo y esta es mi abuela.

2.  **Señala en la ilustración y pregunta a tu compañero.**

A. ¿Quién es este?
B. El padre **de** Rubén.

A. ¿Quién es esta?
B. La madre **de** Rubén.

3. Aprende.

El abuelo.
El padre.
El hermano.

La abuela.
La madre.
La hermana.

Mi
Tu

Un
Una

Familias

LECCIÓN 2

4. Habla con tu compañero.

- ¿Cuántos hermanos tienes?
- ¿Cómo se llama tu hermano?
- ¿Cuántos años tiene tu hermano?
- ¿Cómo se llama tu mamá?

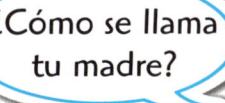

5. Lee.

Este es Roe.  Roe tiene dos abuelas  y dos abuelos.

Esta es su madre  y este es su padre.

Roe tiene seis hermanos

y nueve hermanas.

6. Relaciona.

a. **El** padre **de** Roe.
b. **La** madre **de** Roe.
c. **Los** hermanos **de** Roe.
d. **Las** hermanas **de** Roe.

7. Aprende.

El La
Los Las

Mi
Tu
Su

diecisiete 17

UNIDAD 2 — Juguetes

1.  **Mira la tienda de juguetes.**

2. **Escucha y repite.**

¿Te gusta?

LECCIÓN 3

3.   **Observa y practica con tu compañero.**

¿Te gusta la cometa?

¡Me encanta!

¿Te gustan los aviones?

Yo prefiero el balón.

4.  **Escucha y canta.**

De colores,
rojo, verde,
marrón, amarillo,
azul, blanco y negro.

¿De qué color **es** la cometa?

De colores,
rosa, malva,
naranja, morado,
gris, blanco y negro.

¿De qué color **son** las pelotas?

rojo **verde** **marrón** **amarillo** **azul** **rosa** **naranja**

malva morado gris blanco **negro**

diecinueve 19

UNIDAD 2

¿Cuánto cuesta?

1. Observa y lee.

23,15 € 16,14 € 18,55 € 25,65 €
35,40 € 12,60 € 15,30 €

Veintitrés euros y quince céntimos.

¿Cuánto cuesta la cometa?

¿Cuánto cuestan los peluches?

2. Practica con tu compañero.

¿Cuánto cuesta...?
¿Cuántos cuesta**n**...?

¿Cuánto cuestan los coches?

Doce euros y sesenta céntimos.

20 veinte

¡Felicidades!

LECCIÓN 4

3.  **Lee.**

¡Felicidades, Julia!

Oh, muchas gracias, Pablo.

¡Un peluche! ¡Me gusta mucho! ¡Gracias!

¿Te gusta?

4.  **Escucha y canta.**

¡Cumpleaños feliz, cumpleaños feliz, te deseamos todos cumpleaños feliz!

5.  **Practica con tus compañeros.**

enero   febrero
marzo   abril   mayo   junio   julio
agosto   septiembre   octubre
noviembre   diciembre

¿Cuándo es tu cumpleaños?

El 27 de noviembre.

veintiuno 21

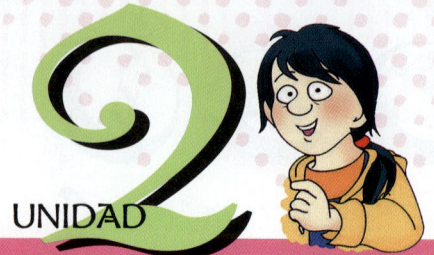

NUESTRO PROYECTO

CARTA A LOS REYES MAGOS

En España, el día 6 de enero los tres Reyes Magos traen regalos a todos los niños y niñas.

 Melchor  Gaspar  Baltasar

Los niños y niñas les escriben cartas en diciembre.

Lee la carta de Rubén:

> Queridos Reyes Magos:
>
> Me llamo Rubén y tengo nueve años. Soy muy bueno. Tengo un hermano y una hermana. Mi hermana se llama Ana. Mi hermano se llama Pablo.
>
> Este año quiero un libro del ratón Pérez, un CD de música y una bici. Ana quiere una cometa y una caja de pinturas. Pablo prefiere un león de peluche y un balón.
>
> ¡Muchas gracias!
>
> Rubén

Y tú... ¿Qué quieres? Escribe tu carta a los Reyes Magos.

Un cuento

UNIDAD 3

1.  **Escucha y canta.**

LA HISTORIA DEL NIÑO ROBOT

El niño robot
le dice a su abuela:
«Abuela, dame cuerda,
que voy a la escuela».
La abuela le dice:
«Niño, estate quieto».
La cuerda le hace
cosquillas al nieto.

 La aceitera

La abuela robot
antes de la escuela
le pone aceitito
con una aceitera.
Le besa la frente
de acero pulido,
le peina los rizos
de alambre torcido.

El niño robot
dice «adiós» a su abuela
y se va caminando
contento a la escuela.
Lleva en el pecho
de color gris metal
un corazoncito
que hace
chap, chap, chap.

La escuela

LECCIÓN 1

2. Lee y aprende.

una...

- cartera
- goma
- regla
- pintura
- mesa
- silla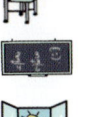
- pizarra
- ventana
- papelera

un...

- estuche
- bolígrafo
- lápiz
- cuaderno
- sacapuntas
- libro
- ordenador
- profesor
- pegamento

unas... mesas
sillas

unos... cuadernos
ordenadores

3. Habla con tu compañero.

A. ¿Qué es esto?
B. Un.../Una...

A. ¿Me dejas un.../una...?
B. Sí, toma./Lo siento, no tengo.

¿Qué es esto?
Una regla.

4. Aprende.

un   una
unos unas

veinticinco 25

UNIDAD 3 — ¿Dónde está?

1.  **Lee y aprende: ¿dónde está Colega?**

 Estoy encima de la mesa.

Colega está <u>encima de</u> la mesa.

Estoy debajo de la mesa.

Colega está <u>debajo de</u> la mesa.

Estoy dentro de la cartera.

Colega está <u>dentro de</u> la cartera.

Estoy al lado del estuche.

Colega está <u>al lado del</u> estuche.

de + el = del

2.  **Aprende.**

encima de
debajo de
dentro de
al lado de

(yo) estoy
(tú) estás
(él) está
(ella) está

¡Estoy aquí!

LECCIÓN 2

3.   **Escucha y lee.**

4.   **Canta y juega: ¡Estoy aquí!**

Profe: Buenos días.
Niños: Hola.
Profe: ¿Dónde está Ana?
Niños: No lo sé.
Ana: ¡Estoy aquí!

Niños: Es Ana.
　　　¡Hola, Ana!
Ana ya está aquí,
aquí, aquí...

5.  **Habla con tu compañero.**

A. ¿Hay un libro?
B. Sí.

A. ¿Dónde está?
B. Dentro de la cartera.

A. ¿Hay una pizarra?
B. No.

veintisiete 27

UNIDAD 3 — Partes del cuerpo

1. Aprende.

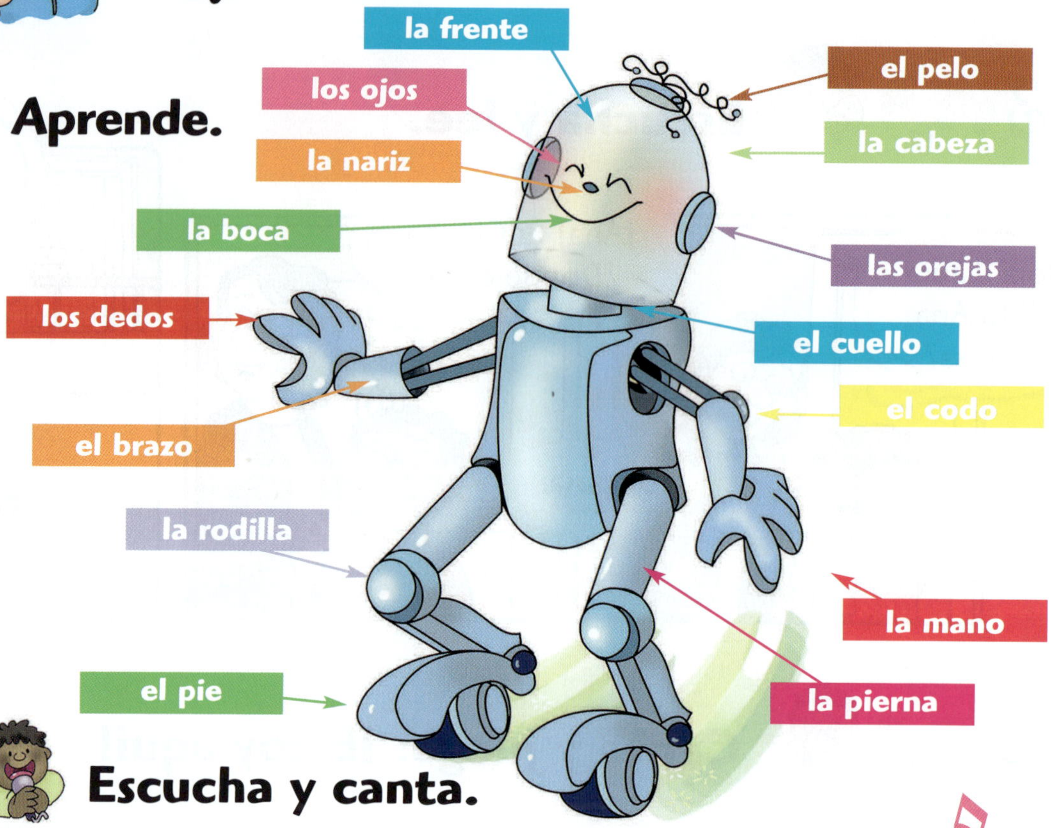

- la frente
- los ojos
- la nariz
- la boca
- los dedos
- el brazo
- la rodilla
- el pie
- el pelo
- la cabeza
- las orejas
- el cuello
- el codo
- la mano
- la pierna

2. Escucha y canta.

El corro chirimbolo,
¡qué bonito es!
Un pie, otro pie,
una mano, otra mano,
un ojo, otro ojo,
la nariz y el gorro.
Una oreja, otra oreja,
¡y el codo de la vieja!

3. El juego de AMANDA MANDA.

subir   bajar   tocar   abrir   cerrar

¿Cómo es?

LECCIÓN 3

4. **Escucha y aprende.**

alto/alta bajo/baja gordo/gorda flaco/flaca

guapo/guapa joven viejo/vieja

5.  **Lee.**

El niño robot es alegre.
La abuela robot es cariñosa.

6.  **Escucha y aprende.**

alegre cariñoso vago estudioso

¿Cómo eres tú?

valiente inteligente bueno malo

veintinueve 29

UNIDAD 3
Érase una vez...

— Hola, soy Dorita. Y este es mi perro Totó.

— ¡Oh, no!

— ¿Dónde estoy? Quiero ir a mi país...

— Soy la bruja buena del norte. Sigue el camino amarillo.

— No soy inteligente. Quiero un cerebro.

— Habla con el mago de Oz y pídele ayuda.

— Ven conmigo a buscar al mago de Oz.

— No tengo corazón. Quiero un corazón.

— Ven a buscar al mago de Oz.

30 treinta

... el mago de Oz

LECCIÓN 4

¡No soy valiente! Quiero ser valiente.

Ven a buscar al mago de Oz.

Quiero un corazón.

Quiero un cerebro.

Eso está dentro de vosotros. Pero la bruja mala no os deja verlo.

Tenéis que vencerla.

Quiero ser valiente.

Quiero ir a mi país.

¡Tengo cerebro!

Ya lo sé.

¡Ya no está!

¡Adiós, Dorita!

¡Soy valiente!

¡Tengo corazón!

¡Tíos!

¡Dorita!

Recuerda: lo que quieres está dentro de ti.

¡Quiero abrazar a mis tíos! ¡Quiero ir a mi país!

Lo que quieres está dentro de ti.

UNIDAD 3 — El ratón Pérez

CONCURSO EL PREGUNTAZO

¿Cómo te llamas?
¿Cómo vas al colegio?
Di el nombre de tres transportes.
¿Cómo van al colegio Ana/Chema/Elena...?
¿Cómo va al colegio Colega?
¿Cómo se deletrea tu nombre?
¿Cuántos años tiene Ana?
Cuenta hasta 20.
Di el nombre de tres ciudades de España.
Di el nombre de tres países donde se habla español.
Di los días de la semana.
¿Dónde va el ratón Pérez?
¿Cómo se llama el amigo de Cito?
Cuenta de 30 a 40.
¿Cómo se llama el padre de Ana?
¿Cuántos hermanos tiene Ana?
¿Cuántas hermanas tiene Roe?
Di el nombre de cinco juguetes.
Di los meses del año.
¿Qué regala Cito a Roe?
¿Cómo se llaman los tres Reyes Magos?
¿Qué día traen los regalos a los niños?
¿Cómo va el niño robot a la escuela?
Di el nombre de cinco cosas de clase.
¿Cómo es la abuela del niño robot?
¿Qué quiere el hombre de metal?
¿Qué quiere el león?

UNIDAD 4 — Vida sana

1. Escucha y lee.

- ¿Te gusta jugar al tenis?
- No, no me gusta jugar al tenis.
- ¿Te gusta jugar al baloncesto?
- No, no me gusta jugar al baloncesto.
- ¿Te gusta jugar al fútbol?
- No, no me gusta jugar al fútbol.
- ¿Qué te gusta?
- Me gusta jugar con el ordenador y ver la tele.

HACER DEPORTE ES BUENO PARA LA SALUD

2. Practica con tu compañero.

A. ¿Te gusta patinar?
B. Sí, me gusta patinar.
   No, no me gusta patinar.

 patinar

 jugar al fútbol

 correr

 jugar al baloncesto

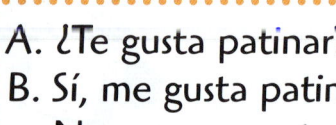 nadar

 esquiar

 montar en bici

 montar a caballo

 bailar

Hacer deporte

LECCIÓN 1

EL DÍA DEL DEPORTE

3.  **Contesta.**

1. ¿Hay un día del deporte en tu escuela?
2. ¿Hay juegos y carreras?
3. ¿Conoces estas carreras?

4.  **Habla con tus compañeros.**

A. ¿Sabes patinar?
B. Sí, sé patinar.
   No, no sé patinar.
   No sé patinar muy bien.

No sé patinar.

5.  **Lee y escribe.**

 Me gusta jugar al fútbol y patinar. No me gusta correr. Sé jugar al fútbol muy bien, pero no sé patinar muy bien. Mi deporte favorito es el fútbol.

6.  **Aprende.**

Me gusta
Te gusta
Le gusta

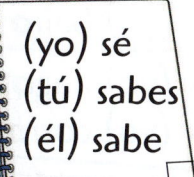
(yo) sé
(tú) sabes
(él) sabe

treinta y cinco 35

¡En forma!

LECCIÓN 2

4. Lee y relaciona.

1. Ana patin**a**.
2. Chema nad**a**.
3. Elena mont**a** en bici.
4. Rubén bail**a**.
5. Julia hac**e** gimnasia.
6. Colega corr**e**.

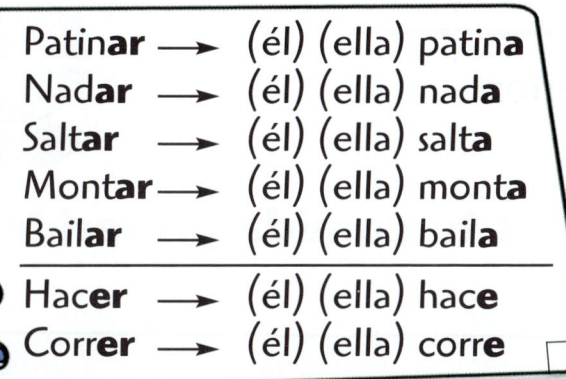

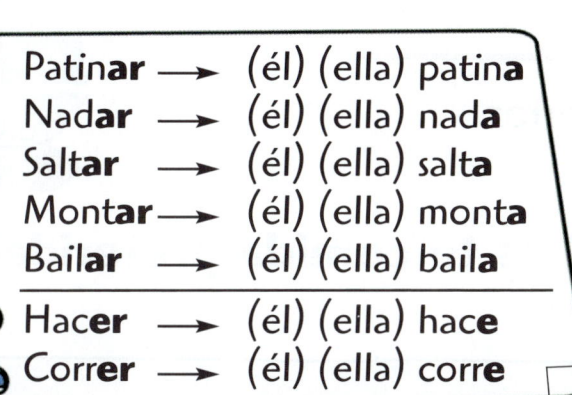

a. 
b. 
c. 
d. 
e. 
f.

5. Aprende.

| Patin**ar** → (él) (ella) patin**a** |
| Nad**ar** → (él) (ella) nad**a** |
| Salt**ar** → (él) (ella) salt**a** |
| Mont**ar** → (él) (ella) mont**a** |
| Bail**ar** → (él) (ella) bail**a** |
| Hac**er** → (él) (ella) hac**e** |
| Corr**er** → (él) (ella) corr**e** |

6. ¿Qué hace tu compañero?

Él bail**a** y jueg**a** en el patio.

Ella jueg**a** al tenis.

treinta y siete 37

UNIDAD 4 — Comer bien

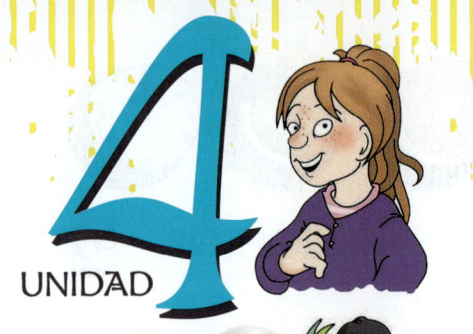

1. Escucha, señala y repite.

- los helados
- los dulces
- el queso
- la carne
- el pescado
- la leche
- los huevos
- la verdura
- la fruta
- el pan
- la pasta
- los cereales
- el arroz

Comer bien es comer un poco de todo.

2. Lee. ¿Cuál es tu comida preferida?

Mi comida preferida es el pollo con patatas. ¡Me encantan las patatas! Me gustan los pasteles de chocolate y la fruta. Pero no me gusta el pescado. Mi bebida preferida es el zumo de naranja.

Ana

¿Qué quieres?

LECCIÓN 3

~ MENÚ ~

la sopa

el arroz con pollo

el filete con patatas

los espaguetis

el pescado con ensalada

la tortilla

la pizza   la hamburguesa   el perrito caliente

POSTRES

la tarta

la manzana

el plátano

las fresas

BEBIDAS

el agua   el zumo   la leche   el refresco

3. ¿Qué quieres comer? Juega a los restaurantes.

- ¿Qué quieres comer?
- Quiero arroz con pollo. Y de postre, una manzana.
- ¿Y qué quieres beber?
- Un refresco, por favor.

4. Aprende.

Me gusta + singular
Me gustan + plural

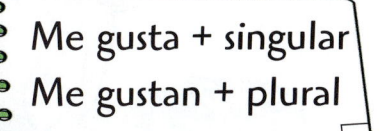

Te gusta + singular
Te gustan + plural

(yo) quiero
(tú) quieres
(él) quiere
(ella) quiere

treinta y nueve 39

¿Qué hora es?

UNIDAD 4

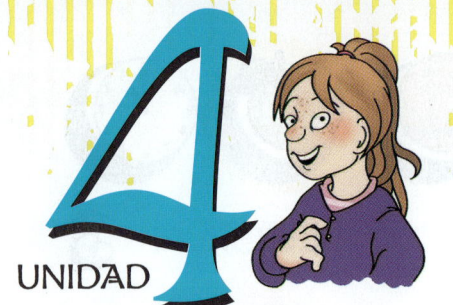

1.  Observa y aprende.

en punto

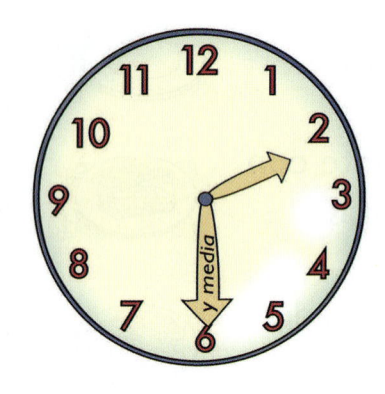

y media

2.  Lee.

Son las ocho **en punto**. Es la hora de **desayunar**.

Es la una **en punto**. Es la hora de **comer**.

Son las cuatro **y media**. Es la hora de **merendar**.

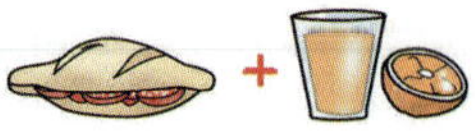

Son las ocho **y media**. Es la hora de **cenar**.

3.  Aprende.

Es la una
Son las...

en punto
y media

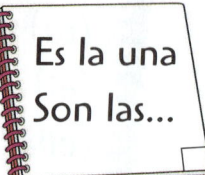

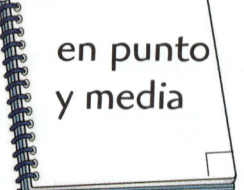

Colega

40 cuarenta

Hora de comer

LECCIÓN 4

4.  🎵 26 ✏️ **Escucha, dibuja la hora y completa.**

POR LA MAÑANA

Son las
....
¡Buenos días!

Son las
....
A las 7:30 desayuno.

POR LA TARDE

Es la ....
A la ....
como.

Son las ....
A las ....
meriendo.

POR LA NOCHE

Son las ....
A las .... ceno.

Son las ....
¡Buenas noches!

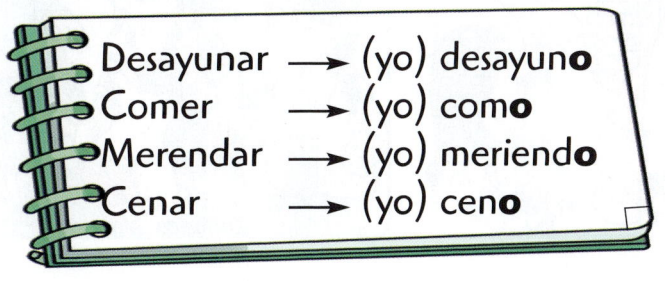

5. 🔍 **Aprende.**

- Desayunar → (yo) desayun**o**
- Comer → (yo) com**o**
- Merendar → (yo) meriend**o**
- Cenar → (yo) cen**o**

cuarenta y uno 41

UNIDAD 4 — El ratón Pérez

27

— Hacer ejercicio y comer bien es bueno para la salud.

— Lavarse las manos antes de comer y los dientes después es bueno para la salud.

— Son las 8. Es hora de cenar.
— ¡Mi diente!
— ¡Qué suerte! ¡Esta noche, el ratón Pérez!
— Buenas noches, papá.
— Buenas noches, Ana.

— ¡Buenos días!
— ¡Mira, mamá, el regalo de Pérez!
— Tiene un diente nuevo.
— ¡Es mi diente!

42 cuarenta y dos

NUESTRO PROYECTO

Un mural de vida sana

ES BUENO PARA LA SALUD

- Lavarse las manos antes de comer.
- Comer bien
- Hacer ejercicio
- Lavarse los dientes después de comer
- Dormir suficiente
- Ducharse / Bañarse

cuarenta y tres 43

UNIDAD 5

El carnaval...

1. Observa el mapa.

el canguro el mono

el elefante el tigre el león

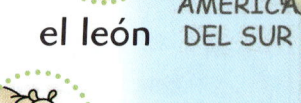

el oso panda el hipopótamo

el loro la cebra la jirafa el pingüino el zorro el camello la ballena

AMÉRICA DEL NORTE · EUROPA · ASIA · ÁFRICA · AMÉRICA DEL SUR · AUSTRALIA · ANTÁRTIDA

2. Habla con tu compañero.

¿Dónde vi**en** los canguros?

Los canguros viv**en** en Australia.

Estudiante A
Las ballenas
Los monos
Los tigres
Los osos panda
Los hipopótamos
Los elefantes

Estudiante B
Los loros
Las cebras
Los leones
Los pingüinos
Los camellos
Los zorros

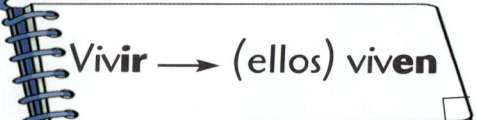

Viv**ir** → (ellos) viv**en**

cuarenta y cuatro

...de los animales

LECCIÓN 1

3. Aprende.

grande   pequeño   rápido   lento   fuerte   tímido   feroz

4. Observa y lee.

Los elefantes son animales muy grandes y fuertes. Son de color gris. Tienen las orejas grandes y una nariz muy larga que se llama trompa. Viven en África y en Asia. Comen hierba, hojas y frutas. No saben saltar.

Los loros son pequeños. Son de colores: amarillo, verde, azul, rojo... Su boca se llama pico. Saben volar, cantar y hablar. Viven en América del Sur, en África y en Australia. Comen semillas y frutas.

5. Describe un animal. Tu compañero adivina cuál es.

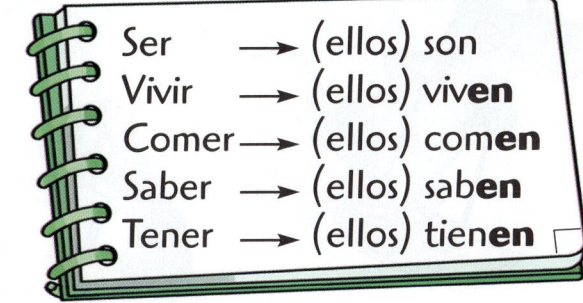

Ser	→ (ellos) son
Vivir	→ (ellos) viv**en**
Comer	→ (ellos) com**en**
Saber	→ (ellos) sab**en**
Tener	→ (ellos) tien**en**

cuarenta y cinco 45

UNIDAD 5 — Los hábitats

1.  Escucha, señala y repite.

- el bosque
- el río
- la pradera
- el mar
- el desierto
- la nieve y el hielo
- la selva
- la sabana

2.  Lee.

el cocodrilo

el ciervo

Los animales viven en muchos lugares diferentes. Los monos y los loros viven en la selva. Los avestruces y los leones viven en la sabana. Los osos polares viven en el hielo y la nieve. Los cocodrilos y los peces viven en los ríos. Las ballenas y otros peces viven en el mar. Los camellos viven en el desierto. Los ciervos y los conejos viven en las praderas.

el avestruz

el oso polar

3.  Habla con tu compañero.

¿Las ballenas viven en el bosque?

No, las ballenas viven en el mar.

// Animalandia

LECCIÓN 2

4. **Juega con tus compañeros.**

- ⚀ Es un/una...
- ⚁ Tiene...
- ⚂ Vive en...
- ⚃ Sabe...
- ⚄ Se deletrea...
- ⚅ Come...

SALIDA

una serpiente

un tiburón

FIN

cuarenta y siete 47

UNIDAD 5 — Animales de granja

1. Escucha y numera.

- un pato
- una vaca
- un cerdo
- una gallina
- un pollito
- un conejo
- una cabra
- una oveja
- un caballo
- un pájaro
- un burro

«¡miau!»

2. Escucha.

¿Qué es ese ruido?

3. Habla con tu compañero.

A. ¿Es una oveja?
B. Sí, es una oveja.

A. ¿Es un pato?
B. No, no es un pato. Es una gallina.

El abuelo Juan

LECCIÓN 3

4. Observa y lee.

Tengo una granja. En mi granja tengo vacas, cerdos, gallinas, patos y ovejas. También tengo un perro y un gato.

5. Escucha y canta.

El abuelo Juan tiene una granja, ia, ia, o.
Y en la granja tiene un perro, ia, ia, o.
El perro dice: ¡Guau!
¿Qué dice el perro?
Dice: ¡Guau! ¡Guau, guau, guau, guau, guau!

El abuelo Juan tiene una granja, ia, ia, o.
Y en la granja tiene un gato, ia, ia, o.
El gato dice: ¡Miau!
¿Qué dice el gato?
Dice: ¡Miau! ¡Miau, miau, miau, miau, miau!

El abuelo Juan...

cuarenta y nueve 49

UNIDAD 5 ¿Tienes mascota?

1. Escucha y numera.

Yo tengo un perro. Mi perro se llama Colega. Tiene cinco años. Colega es marrón claro. Sabe ladrar y saltar por un aro. Es muy inteligente.

Yo tengo un pájaro. Mi pájaro se llama Pío. Pío es pequeño y amarillo. Come semillas y sabe cantar muy bien.

Yo tengo una gata. Mi gata se llama Zoa. Tiene tres años. Zoa es blanca y negra. Come pescado y sabe subir a los árboles. Es muy cariñosa.

Yo tengo una tortuga. Mi tortuga se llama Pancha. Es marrón y verde. Pancha es lenta y muy tímida.

Yo tengo un ratón. Mi ratón se llama Cito. Cito es pequeño y blanco. Come queso y es muy suave. Sabe bailar.

2. Y tú... ¿tienes una mascota?

- un perro
- un pájaro
- un ratón
- un pez 
- una tortuga
- un gato 
- un hámster

¿Cómo es?

LECCIÓN 4

3. Contestad a las siguientes preguntas.

¿Cómo se llama la gata de Rubén?
¿Cuántos años tiene?
¿De qué color es?
¿Qué come?

¿Cómo se llama el pájaro de Elena?
¿Cómo es?
¿Qué come?
¿Qué sabe hacer?

¿Cómo se llama el ratón de Chema?
¿De qué color es?
¿Qué come?

¿Cómo se llama la tortuga de Julia?
¿De qué color es?
¿Cómo es?

¿Cómo se llama el perro de Ana?
¿Cuántos años tiene?
¿De qué color es?
¿Qué sabe hacer?
¿Cómo es?

4. Lee.

Yo tengo un hámster. Se llama Copito. Es blanco y muy suave. Tiene diez meses. Come semillas. Vive en su jaula y le gusta mucho jugar en su rueda. También le gustan la lechuga, la zanahoria y la manzana.

cincuenta y uno 51

UNIDAD 5 — El ratón Pérez

— Hola, Cito. ¿Cómo estás?
— Voy a presentarte a mis amigos.
— Hola, Pérez.

— Este es Pío. Pío es el pájaro de Elena. Sabe cantar muy bien.
— Hola, Pío.
— Hola, Cito.

— Esta es Pancha, la tortuga de Julia.
— ¡Hola, Pancha!
— Hola, Cito.

— Y este es Colega, el perro de Ana. Es muy simpático.
— Hola.
— ¡Hola, Colega!

— ¡¡¡MIAUUU!!!

— Y esta es Zoa. Zoa es la gata de Rubén.

— ¡Pero... los gatos comen ratones!
— Zoa no come ratones. Es una amiga.
— ¡Miau! ¡Hola, Cito!
— Ho-ho-hola, Zoa.

52 cincuenta y dos

NUESTRO PROYECTO

¡MÚSICA, MAESTRO!

1. Preparamos los disfraces.

2. Preparamos los diálogos.

A: ¡Buenas tardes!
B: ¡Buenas tardes!
A: ¿Cómo te llamas?
B: Me llamo León. ¿Cómo te llamas tú?
A: Yo me llamo Pájaro. ¿Cuántos años tienes?
B: Tengo ocho años.

A: Yo vivo en el bosque.
B: Yo vivo en la sabana.
A: ¿Qué hora es?
B: Las cinco.

Todos: ¡Es la hora del carnaval!

3. Representamos el carnaval de los animales, de Camilo Saint-Saëns.

cincuenta y tres 53

UNIDAD 6

¿Qué tiempo hace?

1. **Escucha y señala. ¿Qué tiempo hace?**

Hace sol.

Hace calor.

Hace frío.

Hace buen tiempo.

Hace mal tiempo.

Hace viento.

Está nublado.

Llueve. Está lloviendo.

Nieva. Está nevando.

Hay niebla.

Hay tormenta.

54 cincuenta y cuatro

Informe del tiempo

LECCIÓN 1

2. **Observa el mapa y contesta.**

¿Qué tiempo hace en...?

3. **Habla con tu compañero.**

- ¿Qué tiempo hace en Madrid?
- En Madrid hace frío.
- ¿Qué tiempo hace en Sevilla?
- En Sevilla hace calor.

cincuenta y cinco 55

UNIDAD 6 — Las estaciones

1. Observa.

Otoño — 14°
Invierno — 0°
Verano — 30°
Primavera — 16°

Enero, Febrero, Marzo, Abril, Mayo, Junio, Julio, Agosto, Septiembre, Octubre, Noviembre, Diciembre

2. Escucha y canta.

De colores,
de colores se visten los campos
en la primavera.
De colores,
de colores son los pajarillos
que vienen de fuera.
De colores,
de colores es el arco iris
que vemos lucir.
En primavera los grandes amores
de muchos colores
me gustan a mí.

La ropa

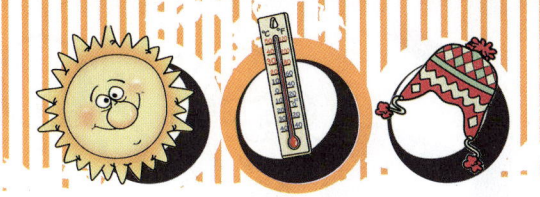

LECCIÓN 2

3. Observa.

ROPA DE VERANO

- El bañador
- La camiseta
- El vestido
- Los pantalones cortos
- La camisa
- La falda
- La chaqueta
- Las sandalias
- La gorra
- Los zapatos

ROPA DE INVIERNO

- El jersey
- El gorro
- La bufanda
- Las deportivas
- Los guantes
- Los calcetines
- El abrigo
- Los vaqueros
- Las botas
- Los leotardos

4. Contesta.

¿Qué ropa llev**as** en verano?
¿Qué ropa llev**as** en invierno?
¿Qué ropa llev**as** hoy?

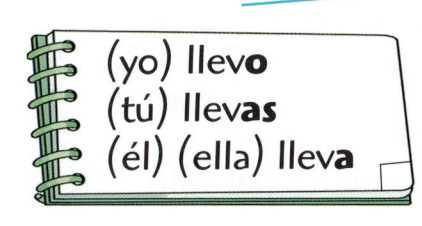

5. Recuerda.

(yo) llev**o**
(tú) llev**as**
(él) (ella) llev**a**

cincuenta y siete 57

UNIDAD 6 — ¿Qué ropa llevan?

1. Escucha y lee.

Yo llevo un pantalón de peto azul, una camiseta rosa y unas sandalias rosas.

Yo llevo un jersey rojo, un pantalón azul y unas deportivas blancas.

2. Habla con tu compañero. ¿Qué llevan?

¿Qué lleva Julia?

Julia lleva...

3. Escucha y canta.

Jugando al escondite
en el bosque anocheció. (bis)
Y el cuco cantando
el miedo nos quitó. (bis)
¡Cucú, cucú, cucú!
¡¡Lobo!! ¿Estás ahí?
¡¡Estoy poniéndome los pantalones!!

¿Qué te pones?

LECCIÓN 3

4. Escucha y lee.

Cuando hace frío, me pongo el abrigo, el gorro, la bufanda y los guantes. También me pongo calcetines gordos y botas.

Cuando hace calor, me pongo un pantalón corto, una camiseta y unas sandalias.

Yo me pongo el bañador y voy a la piscina.

5. Contesta.

¿Qué se pone Elena cuando hace frío?
¿Qué se pone Julia cuando hace calor?
¿Y tú? ¿Qué te pones cuando hace frío?
¿Qué te pones cuando hace calor?

(yo) me pongo
(tú) te pones
(él) (ella) se pone

cincuenta y nueve 59

UNIDAD 6 — El viento y el sol

1. Escucha y lee.

¡Yo soy muy fuerte! Soy más fuerte que tú.

Mira ese chico. Voy a quitarle la ropa.

¡Oh! ¡Mi gorro!

¡Oh! ¡Mi bufanda!

¡Qué viento!

¡Hace calor!

LECCIÓN 4

¡No puedo!

Ahora me toca a mí.

¡Uf! ¡Hace calor!

¡Hace mucho calor!

¡Qué calor!

¿Quién es más fuerte?

sesenta y uno 61

UNIDAD 6

El ratón Pérez

CONCURSO EL PREGUNTAZO

¿Te gusta la fruta?
¿Cuál es tu comida favorita?
Di el nombre de cinco alimentos.
¿Qué deporte haces?
Di el nombre de cuatro deportes.
Di tres cosas buenas para la salud.
¿Qué hora es?
Desayunar, comer y...
Di el nombre de cinco animales salvajes.
Describe un animal salvaje.
Di el nombre de cinco animales de granja.
¿Cuántas vacas tiene el abuelo Juan?
¿Cuántos años tiene Zoa?
¿De qué color es Zoa? ¿Qué come Zoa?
¿Cuántos años tiene Colega?
¿Qué sabe hacer Colega?
¿De qué color es Pancha?
¿Cómo es Pancha?
¿Cómo se llama el pájaro de Elena?
¿De qué color es Pío?
¿Qué come Pío?
¿Qué sabe hacer Pío?
Di el nombre de las estaciones.
¿Qué tiempo hace hoy?
¿Qué ropa llevas hoy?
¿Qué te pones cuando hace frío/calor?

NUESTRO PROYECTO

El tiempo en el mundo

1. **Elegimos un país donde se habla español.**

2. **Preparamos un informe del tiempo.**

3. **Lo presentamos y lo grabamos.**

4. **Lo vemos en clase.**

Hola, amigos. Hoy es lunes veintisiete de octubre. Este es el tiempo en Argentina. En Buenos Aires hace calor. En Rosario llueve...

sesenta y tres 63

PISTAS CD

LIBRO DEL ALUMNO

UNIDAD 1 ¡A bordo!

Pista 1 Los saludos.
Pista 2 Los medios de transporte.
Pista 3 ¿Cómo te llamas?
Pista 4 ¿Cómo vas al cole?
Pista 5 Canción: El cocherito leré.
Pista 6 Canción: El abecedario.
Pista 7 El tren de los números.
Pista 8 Canción: Un globo.
Pista 9 El ratón Pérez 1.

UNIDAD 2 La paga

Pista 10 La paga.
Pista 11 Mi familia.
Pista 12 Singular y plural.
Pista 13 Canción: De colores.
Pista 14 Canción: Cumpleaños feliz.
Pista 15 El ratón Pérez 2.

UNIDAD 3 Un cuento

Pista 16 Canción: El niño robot.
Pista 17 En casa de Ana.
Pista 18 Canción: ¡Estoy aquí!
Pista 19 Canción: el corro chirimbolo.
Pista 20 La descripción física.
Pista 21 El carácter.
Pista 22 El mago de Oz.

UNIDAD 4 Vida sana

Pista 23 ¿Te gusta el deporte?
Pista 24 Hacer ejercicio es bueno.
Pista 25 La pirámide de los alimentos.
Pista 26 Los horarios de Julia.
Pista 27 El ratón Pérez 3.

UNIDAD 5 El carnaval de los animales

Pista 28 Los animales salvajes.
Pista 29 Los hábitats.
Pista 30 Los animales de granja.
Pista 31 ¿Qué es ese ruido?
Pista 32 Canción: El abuelo Juan.
Pista 33 ¿Tienes mascota?
Pista 34 El ratón Pérez 4.

UNIDAD 6 ¿Qué tiempo hace?

Pista 35 ¿Qué tiempo hace?
Pista 36 Canción: De colores, la primavera.
Pista 37 ¿Qué ropa llevan?
Pista 38 Canción: En el bosque.
Pista 39 ¿Qué te pones?
Pista 40 El viento y el sol. Fábula.

CUADERNO DE EJERCICIOS

UNIDAD 1 ¡A bordo!

Pista 41 Deletreo.
Pista 42 ¡Me voy a España!
Pista 43 Las velas.

UNIDAD 2 La paga

Pista 44 ¿Qué número es? 1.
Pista 45 ¿Te gusta?
Pista 46 ¿Cuánto cuesta?
Pista 47 ¡Felicidades!
Pista 48 ¿Qué número es? 2.

UNIDAD 3 Un cuento

Pista 49 Dictadodalí.
Pista 50 ¿Cómo es?
Pista 51 ¿Qué tienes?

UNIDAD 4 Vida sana

Pista 52 ¿Qué día?
Pista 53 En un restaurante.
Pista 54 ¿Qué le gusta?

UNIDAD 5 El carnaval de los animales

Pista 55 Tu animal favorito.
Pista 56 ¿Tienes mascota?
Pista 57 ¿Cómo es tu mascota?
Pista 58 Animales salvajes.

UNIDAD 6 ¿Qué tiempo hace?

Pista 59 ¿Qué tiempo hace?
Pista 60 ¿Qué ropa llevan?
Pista 61 ¿Qué estación es?
Pista 62 ¿Cómo van vestidos?
Pista 63 ¿Dónde está?